AF483069

Victor-Serge

Vie des Révolutionnaires

FAITS ET DOCUMENTS N° 8 — PRIX : 1 FRANC

Victor-Serge

Vie des Révolutionnaires

VICTOR-SERGE

VIE DES RÉVOLUTIONNAIRES

Je n'ai changé que quelques mots à cette brochure écrite il y a plusieurs années. Ce sujet — la vie, la formation, les luttes, la trempe de la génération révolutionnaire qui a vaincu en Russie — mériterait un travail approfondi. Mais notre génération n'a guère plus de loisirs que n'en eut celle-là. Aussi insuffisante qu'elle soit, cette brochure contribuera à faire connaître l'exemple des hommes qui, de notre temps, on fait le plus pour la transformation du monde.

Les années ont passé. Il aurait fallu doubler tout au moins le nombre de ces pages, ajouter aux noms, pour la plupart obscurs, qu'on y trouvera, ceux des morts du temps de paix, dont quelques-uns comptent parmi les plus grands. Les années de paix nous ont coûté plus cher à certains égards que les années de guerre civile. L'usure des chefs, l'usure du cerveau de la révolution, s'est cruellement fait sentir. Que de disparus! Lénine, atteint précisément au cerveau, consumé par son immense labeur; Léonide Krassine, technicien du parti prolétarien dans deux révolutions; Félix Dzerjinski, qui avait porté sans faiblir sur ses épaules révolutionnaires le terrible fardeau de la terreur nécessaire; Tsourioupa, l'organisateur du ravitaillement dans les années terribles; Frounzé, ancien ouvrier du textile, devenu le vainqueur de Pérékop; Lachévitch, vigoureux soldat et chef d'armée; Lilina, organisatrice de l'enseignement à Léninegrad; Stépanov-Skvortsov, un des premiers vulgarisateurs du marxisme en Russie... On nous

a tué à Genève, sur le seuil de la Société des Nations, l'écrivain, ·' le penseur Vorovski, ambassadeur de la république
du travail. D'autres, atteints par l'usure dans leur volonté
de vivre, désespérés de ne pouvoir plus travailler ou faisant de leur mort même un suprême geste de lutte, sont
partis volontairement : Loutovinov, l'organisateur des métallurgistes; Eugénie Bosch, un des plus grands combattants de la révolution soviétique en Ukraine; Glozman et
Boutov, bons compagnons de l'organisateur de la victoire;
Adolphe Ioffé, qui avait représenté la révolution en Allemagne, en Chine et au Japon à des époques où mûrissaient
des événements décisifs, se sont suicidés. Des accidents
absurdes nous ont pris Sklianski, économiste et soldat, et
Larissa Reissner, jeune révolutionnaire étonnamment
douée qui avait traversé les champs de bataille de la Volga,
les montagnes de l'Afganistan, les barricades de Hambourg.
Bogdanov, philosophe et savant, compagnon et adversaire
de Lénine, est mort d'une expérience de transfusion du
sang...

Gardons le riche souvenir de ces vies qui nous éclairent le chemin comme des torches et pensons à nos travaux, à nos luttes, au présent et à l'avenir. L'exemple de
ces révolutionnaires comporte quelques enseignements
dont nous avons plus particulièrement besoin aujourd'hui
que le vieil ordre capitaliste semble de nouveau assuré et
que tant de maux mettent chaque jour à l'épreuve le courage et la ténacité des militants prolétariens.

Moins heureux que nous qui sommes les témoins de la
victoire du prolétariat russe, ces hommes entrèrent dans
la lutte à une époque où la société bourgeoise paraissait
si stable que ses apologistes osaient l'affirmer fondée sur
les lois immuables de la nature humaine; à une époque où
leur pays vivait ployé sous un despotisme millénaire. Ils
surent pourtant discerner dans leur présent les cheminements souterrains de la révolution.

Ils connurent l'adversité la plus grande. Aux « sages »
de leur temps — d'il y a vingt ou trente ans à peine! —
universitaires libéraux, gens rassis, mutuellistes, coopérateurs et « socialistes » pleins d' « esprit pratique », ces

hommes qui bâtissaient, pour la conquête du pouvoir, le parti du prolétariat, paraissaient des illuminés. On ne le leur envoyait pas dire. Ils poursuivaient leur chemin à travers les sourires, les polémiques, les prisons, la misère, l'exil; ils poursuivaient leur œuvre.

Longtemps, ils ne formèrent que de petits groupes, amèrement divisés parfois. Aux difficultés de la lutte contre l'autocratie russe et la bourgeoisie internationale, s'ajoutaient trop souvent les crises du mouvement, les mésententes personnelles, les fautes des uns, les vilénies de quelques autres. Ils connurent après la défaite de la révolution de 1905 une période de noire réaction, au cours de laquelle on vit les hésitants se décourager, les lâches se défiler, les faibles se retirer, les meilleurs parfois désorientés. Ils surent, n'étant qu'une minorité au sein de la classe ouvrière, garder malgré tout leur clairvoyante intransigeance, remonter le courant, lutter opiniâtrément, avec un désintéressement absolu, pour leurs convictions, leur foi et l'avenir (c'est tout un). Et c'est peut-être dans la présente accalmie, où se préparent les grandes luttes de demain, à notre époque de pénible cristallisation des premiers noyaux des partis prolétariens de demain, à notre époque de luttes obscures sur deux plans opposés contre l'ennemi de classe et contre les maux dont souffre le mouvement ouvrier révolutionnaire, la plus grande leçon de ces existences.

Léninegrad, décembre 1929.

VICTOR-SERGE.

VIE DES RÉVOLUTIONNAIRES

Quels hommes ont fait la révolution d'Octobre? Quelle trempe d'hommes, quelles volontés, quels dévouements, quels cerveaux a-t-il fallu pour accomplir cette œuvre formidable : jeter bas une société, constituer sur les ruines le camp retranché des bâtisseurs de l'avenir, défendre ce camp pendant quatre années contre la coalition de toutes les grandes puissances civilisées et de toutes les forces du passé, vaincre pourtant, donc vivre et continuer?

La question n'est pas d'un intérêt exclusivement historique et psychologique. Elle est, dirai-je, *vivante*. Tout ce qui touche à ces hommes est vivant. *Les connaître, c'est savoir ce que c'est que d'être des révolutionnaires.*

Les documents sur la vie, les luttes, la mort des révolutionnaires constituent déjà une littérature riche et prenante. — Ceux que nous allons étudier brièvement sont les plus simples, les plus rudimentaires même. Nous les trouvons pour la plupart dans le recueil *A la Mémoire des Sacrifiés de la Révolution*, récemment (1922) publié par la Librairie de l'Etat de Moscou. La grande majorité des biographies qu'il contient ne dépassent pas vingt lignes et ne contiennent pas de phrases : des dates, des faits. C'est assez. C'est épique. Près de trois mille noms sont inscrits dans ce livre : ceux de trois mille morts qui furent tous des hommes d'élite — *des révolutionnaires*. Venus de tous les points de l'horizon, de toutes les classes, de tous les partis, au bolchévisme, c'est-à-dire à la réalité de la révolution sociale, morts de toutes les morts : fusillés, égorgés, pendus, torturés, déchiquetés par les grenades, épuisés par la faim et le surmenage, abattus par le typhus, suicidés... Mais leur mort, quelque atroce qu'elle soit, n'est jamais qu'un épilogue secondaire : *ils ont tellement vécu — et la révolution continue.*

On trouvera beaucoup de noms dans les pages sui

vantes. Nous pensons qu'ils ne seront pas fastidieux. Ne s'agit-il pas, en somme, de définir des masses, tout un peuple? Aucun de ces grands destructeurs et créateurs de valeurs ne constitue une exception, ne l'oublions pas. Aucun ne doit être plus à nos yeux qu'un homme dans la masse des prolétaires et des paysans de Russie qui ont entrepris, en 1917, de transformer la société. — La classification des chapitres suivants, dans lesquels il sera successivement question des ouvriers, des intellectuels, des femmes, des jeunes gens, est bien arbitraire. Son seul but est de faciliter l'exposition.

I. Les Ouvriers

Les ouvriers sont le nombre, la masse dans cette masse. L'usine, le chantier, l'atelier, la mine, avaient donné à la révolution l'élément conscient, le plus conscient, le plus nombreux. Laissons parler leurs vies.

— Anton Valek, cheminot, né en 1887, milite à partir de 17 ans; participe en 1905 au mouvement insurrectionnel de Kharkov, est exilé pour trois ans à Olonetz — dans les brumes et le froid de la Karélie —, s'évade, recommence à militer, illégal, est arrêté de nouveau, exilé pour cinq ans dans le gouvernement de Tobolsk (Sibérie), s'évade une deuxième fois, se fait embaucher dans l'Oural, à l'usine électrique de Nadiejdinsky, y prend part, au cours de grèves, à une campagne terroriste contre le patronat, est arrêté, risquant cette fois le gibet, trouve le moyen de manger, pendant la perquisition faite chez lui, le mandat du parti qui pourrait le perdre; devient successivement — car la lutte pour le pain est aussi dure que l'action clandestine pour le parti — portefaix, meunier, teinturier, trouve moyen de s'instruire, veut être dentiste, puis photographe, finit en 1917 par devenir tourneur aux usines Poutilov (Pétrograd). « J'enlève, dit-il alors de sa modeste tâche quotidienne, les petites pierres du chemin de la révolution. » Celle-ci le porte au Soviet, en fait un membre de la Commission des Logements, un bolchévik (il était soc.-dém. menchévik auparavant) En 1918, il est membre du Soviet d'Omsk, se bat au front sibérien, contre les constituants et Koltchak. Mais la Sibérie est perdue pour les rouges. Il y reste, organisant les sections clandestines du parti. Le 1er avril 1919, à Ekaterinbourg, une trahison le livre aux limiers de la réaction. En cinq jours de tortures, Anton Valek reçoit quatre cents coups de *plète* (la plète est un fouet à lanières de cuir). Il meurt subitement, en attendant son tour, pendant l'exécution de ses sept compagnons d'infortune que l'on égorge à coups de sabre pour épargner les munitions... N'est-elle pas bien remplie, cette existence de communiste?

Kharlampy Timoféevitch Mouraviev, serrurier, d'abord anarchiste, est condamné à mort à 16 ans, à Ekaterinoslav (1909), peine commuée, à cause de sa jeunesse, en vingt années de travaux forcés; demeure enchaîné pendant six ans, au droit commun. S'évade en 1917, adhère au parti communiste, *est un des auteurs de la révolution d'Octobre à Moscou.* C'est lui qui, au plus fort de la bataille entre les Blancs et les Rouges, amène au Soviet les renforts ouvriers du quartier Lefortov. L'ancien anarchiste s'est mué en un organisateur de l'armée rouge, en Ukraine, puis au front tchécoslovaque, sous Kazan. Là, il est fait prisonnier, amené nu dans la neige, à Oufa, puis égorgé avec 70 autres captifs rouges le jour où les Tchécoslovaques doivent évacuer la ville (1er janvier 1919).

Nakhimson (Semen Mikhailovitch) est mort presque identiquement quelques mois plus tôt. Juif, membre du *Bund,* participant de la révolution de 1905 à Libau, condamné à mort lui aussi par la justice du tsar, illégal, rédacteur à la première *Pravda,* emprisonné deux fois — une fois pendant deux ans —; mobilisé et envoyé au front en 1916, il y est en février 1917 condamné à mort une deuxième fois par un conseil de guerre, comme « agent de l'ennemi », c'est-à-dire bolchévik. La révolution de mars le sauve et en fait le président du Soviet du II° rayon de Pétrograd, puis un des premiers chefs-soldats de l'Armée Rouge. Nakhimson est à Yaroslav quand MM. Noulens et Savinkov, le premier payant et ordonnant, le second payé et exécutant, y déclanchent l'insurrection contre-révolutionnaire. Le « commissaire juif », surpris dans son bureau, est fusillé séance tenante dans la cour; son corps, que l'on a traîné par les rues, gît abandonné, pendant une semaine, dans la cour de l'hôpital. Personne n'ose donner une sépulture à cet ennemi de la démocratie.

Tels sont les premiers organisateurs de l'Armée Rouge, dans les masses. Mais voici des organisateurs de la production socialisée :

Le tourneur Michel Egorov, des usines de Lougansk, qui travailla longtemps douze et quatorze heures par jour; bolchévik depuis 1905, militant illégal à l'usine presque toute sa vie, quelquefois emprisonné, comme il sied. Vice-président, après l'Octobre rouge, du Conseil Economique de Samara, s'arrache à sa tâche d'organisateur du travail pour prendre le fusil et se battre avec les Tchécoslovaques; coupé des siens, est traqué comme un fauve dans les bois; échappe et reprend ses fonctions lorsque reviennent les rouges. Emporté par le typhus le 10 janvier 1921.

Justin Jouk, syndicaliste-libertaire, forçat de Schlussesbourg, organisateur des coopératives, du ravitaillement des usines de Schlussesbourg, tué au front de Karélie, en Octobre 1919, par une balle perdue, alors qu'il s'efforçait de ramener au feu ses hommes surpris et débandés...

Et voici un fondateur du Proletkult : Fédor Kalmin, qui fut tour à tour serrurier, typographe et tisserand, s'instruisit à grand'peine, surtout en prison où il resta quinze mois, puis en exil, à Archangelsk; qui fonda en 1905 la « République ouvrière d'Alexandrov », ce qui lui valut trois années de bataillon de discipline, puis l'exil à l'étranger; fréquenta à Bologne l'Ecole marxiste créée par Lounatcharski, Gorki et Bogdanov (1909); revint en Russie sous le régime de fer de Stolypine; envoyé par le parti pour sauver les débris de l'organisation clandestine, dut fuir bientôt; vint travailler à Paris, aux usines de construction d'aéroplanes... Ce fut un des premiers directeurs du Proletkult au Commissariat de l'Instruction publique. Le typhus l'abattit en 1920.

Un organisateur de *tchéka* : le tisserand Yanichev (Michel Petrovitch), d'Ivanovo-Voznessensk; bon internationaliste, émigré et militant en Amérique, à Boston et Détroit, combattant d'Octobre à Moscou, connu comme un des beaux entraîneurs d'hommes du parti, élu à l'Exécutif

Panrusse de Répression de la Contre-Révolution, finalement commissaire politique de la 15ᵉ division au front
de Wrangel, se bat à côté de ses hommes et tombe dans
une attaque à la baïonnette. — Il fait penser à cet ouvrier
fondeur, un des créateurs de son syndicat, D. Bravar-
niouk, également tué au front, en septembre 1919, et qui
était parti en disant : « On me tuera probablement, car
je ne m'embusquerai pas dans un Etat-Major et ne fuirai
pas. »

Les ouvriers font la révolution dans tous les coins de
l'immense Russie, dans tous les domaines de la vie sociale. Nommons encore quelques obscurs. L'horloger Za-
kheim institue à Yaroslav le pouvoir des Soviets, y pro-
cède aux premières expropriations des classes possédantes, y est le porteur de la dictature du prolétariat. Il est
tué pendant le coup de force des blancs. — L'ouvrier
Karl Ilmer est l'un des chefs de l'insurrection rouge de
Tomsk, contre Koltchak, en mars 1919. Fusillé avec vingt
autres ouvriers. — Le typo Prosmouchkine (*alias* Isaac
Sper, Bernavski, etc.) est, en Crimée blanche, l'infatigable,
l'insaisissable tête de l'organisation clandestine. Trahi par
un provocateur, affreusement torturé, il ne livre personne
et s'empoisonne à la veille d'être exécuté. — C'est le président du Syndicat des typos de Pétrograd, Nikandre Gri-
goriev, qui forme, en 1918, le premier contingent armé
des typos. Fait prisonnier et fusillé par Youdenitch. — Le
menuisier Semen Vosskov, longtemps émigré en Amérique,
contribue à faire échouer le coup d'Etat de Kornilov, im-
provise, pendant la révolution finlandaise, le secours aux
prolétaires de Finlande, crée les *Kombed* — Comités de la
pauvreté paysanne — dans les campagnes du Nord et succombe (typhus) en 1920, dans le Sud, où il jetait les bases
d'une organisation du ravitaillement.

Un nom encore, celui d'un obscur auquel nous devons
l'involontaire révélation d'un peu de l'âme de tous ces
hommes. Luc Pankov, ouvrier des poudreries de Schlussesbourg, membre du Comité de Ravitaillement des grandes usines d'Okhta (Pétrograd), agitateur au front sibérien, commissaire d'un régiment d'infanterie pendant la
défense de Pétrograd, achève sa carrière en qualité de

Commissaire d'un fort de la position de Krasnaya-Gorka, en face de Cronstadt. Dans la nuit du 12 au 13 juin 1919, le commandement du fort,. composé d'anciens officiers ralliés aux Soviets, trahit, arrête les communistes, les « colle au mur » immédiatement et envoie des radios pressants à la flotte anglaise : « Venez, la position est à vous. » Pankov a reçu ses douze balles. On a de lui un testament moral, daté de 1916, une page maladroitement écrite, remplie de tourments : « Comment vivre? Sommes-nous condamnés à ne point vivre? A quoi me dévouer, à quoi? » Il a trouvé. Il s'est dévoué à sa classe, à l'avenir et il est mort après avoir — c'est l'essentiel — bien travaillé.

II. Les Intellectuels

Le rôle des intellectuels dans le mouvement révolution-naire prolétarien fait encore l'objet de controverses entre communistes. Gardons-nous d'intervenir dans cette con-troverse autrement que, pour indiquer à grands traits l'ac-quis de l'expérience russe. S'il est vrai que les intellec-tuels, considérés en tant que classe, c'est-à-dire dans leur plus grand nombre, ont été les ennemis résolus de la révo-lution sociale, après avoir contribué de toutes leurs forces à la révolution politique de mars 1917, qu'ils eussent voulu bourgeoise et démocratique, — il est vrai aussi qu'une magnifique élite d'intellectuels est venue au prolétariat russe, s'est assimilée à lui, s'est mise totalement à son ser-vice, contribuant largement à sa victoire, On va le voir, les résultats de l'expérience russe sont précis. L'intellec-tuel a sa place dans le mouvement ouvrier révolution-naire, sa place au premier rang : à la condition de rom-pre sans retour avec la classe dont il est sorti, bourgeoise ou petite-bourgeoise; de devenir vraiment *un révolution-naire*, de servir en toutes circonstances le parti du prolé-tariat, car pour les révolutionnaires il n'est jamais ques-tion de *se servir* du parti...

Un intellectuel a été le premier président de l'Exécu-tif panrusse des Soviets : Iakov Mikhailovitch Sverdlov, pharmacien de profession. J'ai sous les yeux une fiche de renseignements de l'*Okhrana* qui lui est consacrée. Quelle

somme de dévouement, quelle obstination combative chez
cet homme dont le fin visage à pince-nez est d'un médita-
tif. — Parcourons la fiche : 1902. Arrêté à Nijni-Novgo-
rod et détenu administrativement pendant deux semaines.
— 1903. Soumis à la haute surveillance. — 1907. Membre du Comité social-démocrate de Perm, condamné à 2
ans de forteresse. — 1909. Arrêté peu après sa libération
dans une assemblée clandestine à Moscou, condamné à
3 ans de Sibérie. Tuberculeux, gravement atteint, est au-
torisé à quitter la Russie. — 1911. Revenu en Russie, exilé
à Narymsk, placé sous haute surveillance. S'évade le 7 décembre 1912. — 1913. Arrêté lé 10 février à Perm. Exilé
dans un coin reculé du pays de Toukhoum. Y reste trois
ans : jusqu'à la révolution d'Octobre... « Nous avons perdu
notre organisateur le meilleur », dit Lénine quand Sverdlov, tuberculeux, succombe en 1919.

Chez ces intellectuels communistes, une révolution intérieure, morale, s'est accomplie. Ils ont dû, selon un mot
de Nietzsche, « réduire en cendres le vieil homme pour
renaître ». Les biographies de quelques-uns nous permet-
tent de l'entrevoir nettement. On vient de publier à Pétrograd des extraits du journal intime de Lichtenstadt-Mazine (terroriste en 1906; forçat pendant 10 ans à Schlussesbourg; traducteur de Kant et de Baudelaire; auteur
d'un ouvrage remarquable sur la *Philosophie de Gœthe;*
directeur des Editions de la IIIe Internationale à Pétrograd;
commissaire de la VIe Division rouge au front de Yambourg, tué en 1919) et j'y trouve ces mots écrits à la veille
d'un départ au front : « Il faut aller mourir soi-même avant
d'envoyer d'autres à la mort. » Dans les Etats-Majors
autres que révolutionnaires, on ne se doute guère qu'il y
ait de ces nécessités morales.

Lichtenstadt-Mazine n'était pas une exception. Michel
Petrovitch Baïkov, vieux militant, a dépassé la quarantaine
à la révolution. A 20 ans, on lui a infligé trois années
d'exil. Il a fait ensuite un an de prison. Puis trois ans
d'exil. Puis on l'a envoyé pour dix ans chez les Yakoutes.
En Sibérie même, il s'est insurgé contre le régime policier. En 1908, on l'arrête à Pétersbourg : un an de prison. — N'est-ce pas qu'elles sont monotones, toutes ces

notices? Prison, exil, exil, prison... Et ces hommes recommençaient toujours... — Menchévik internationaliste jusqu'à la révolution d'Octobre, il devient communiste, membre du Service Politique du Conseil Révolutionnaire de l'Armée. En cette qualité, visite tous les fronts. Pendant la marche de Denikine sur Moscou, Baïkov se fait soldat, dans le rang. Et il écrit : « *...Nous devons nous débarrasser de tout intellectualisme,* entrer dans le rang, vivre avec la seule pensée d'élever les cœurs et la combativité de la masse... nous confondre avec elle... » Il est mort d'épuisement et de typhus, dans l'abandon, à Kharkov, le 12 janvier 1920.

Le stoïcisme de ceux qui ne vont pas au front n'est pas moindre. Alexandre Alexandrovitch Kouzmine, ingénieur et propriétaire à Pétrograd, professeur de mécanique dans les Ecoles Supérieures, passe toute sa vie à conspirer, à professer les mathématiques à des cercles ouvriers illégaux, à cacher les bombes de l'organisation bolchévique de combat dans sa belle maison de riche. Ça lui vaut de faire trois années de cellule, après lesquelles il recommence. Il fomente une grève et fonde un syndicat dans l'usine dont il est administrateur. La grande tourmente sociale venue, Kouzmine donne sa maison à la municipalité de Pétrograd, va travailler dans les usines de l'Oural et meurt à Moscou de dénûment, dans un pauvre logis de hasard. L'année était terrible, et ce stoïque ne voulait rien pour lui-même.

Le vieil écrivain Vladislav Alexandrovitch Goldberg a la même fin. Sa vie, ballottée depuis l'âge de 16 ans entre les prisons polonaises, — dans lesquelles on le prive de nourriture pour le faire parler : il manque mourir et se tait — et la brousse sibérienne (trois ans de prison, cinq ans d'exil) est un roman. Miné par la tuberculose, à peine rétabli dans les sanatoria d'Italie et de Suisse, devient bolchévik en Crimée, en 1918, rédige les premiers journaux communistes du pays, y organise, vieil écrivain qui crachait ses poumons, les premières troupes rouges. Mort d'épuisement et de faim à Moscou, le 25 mars 1919.

Tous ces hommes sont restés volontairement des obscurs. L'auteur anonyme de la notice biographique de

Nicolas Nicolaievitch Latov le souligne : « ...il avait horreur de l'arrivisme... il se dérobait aux postes en vue... » Marxiste, ayant fait des études de droit et quatre années de travaux forcés, Latov devient infirmier aux mines de la Léna pour vivre avec les mineurs. C'est un des premiers adversaires de la « révolution démocratique » en Sibérie, un des premiers organisateurs, plus tard, du syndicat du textile d'Ivanovo-Voznessensk. Commissaire de la Justice à Samara, membre d'un Tribunal Révolutionnaire à l'armée, volontairement resté en Sibérie, chez les blancs, est capturé, égorgé.

De Franz Soukhoverov, on ne sait que peu de chose. Son existence a été trop multiple. On la résume en chiffres. Il porta une dizaine de noms. Fit quatre ans de prison, neuf ans d'action illégale, fut exilé cinq ans à Astrakhan, trois à Narymsk, treize fois arrêté, quatre fois évadé, deux fois jugé. Le parti l'envoya travailler illégalement en Sibérie, sous Koltchak. Fusillé le 13 octobre 1918.

...Il n'est jamais trop tard. De vieux intellectuels vont au-devant de tous les risques, assument toutes les tâches. C'est l'ingénieur Hippius (Eugène Alexandrovitch) qui hante le front sud et oriental jusqu'au moment où le typhus l'enlève. « On voyait partout ce grand vieillard à cheveux blancs, vêtu d'un long manteau de soldat, couleur de terre, une large casquette sur les yeux, des bottes rousses, des grenades françaises dans ses poches, un gros revolver Colt ballant à la ceinture. » Il apprenait à creuser des tranchées, à construire des abris... Un autre, le vieux médecin Gabriel Lindov, longtemps guesdiste en France, disparaît en janvier 1919, au front de l'Oural. Un troisième, l'ingénieur Paradovski, fusillé à Krasnoiarsk, par les Tchécoslovaques, le 25 octobre 1918, n'avait adhéré au parti que vieillard.

Tous ces hommes d'intelligence, de savoir, d'abnégation, l'ennemi de classe les extermine impitoyablement chaque fois qu'ils tombent en son pouvoir. Les Anglais occupant Bakou, fusillent parmi les 26 commissaires du Peuple et militants responsables du Caucase un des grands leaders de la révolution, Stepan Chaoumian. Les Tchécoslovaques fusillent Jacques Doubrovinski, le créateur du

régime des Soviets à Krasnoiarsk, à qui ils avaient pro-
mis la vie sauve. Les Tchécoslovaques fusillent Ivanov (Ar-
kadi Fédorovitch), commissaire des Finances des Soviets
en Sibérie, venu chez eux en parlementaire et poliment
reçu par le colonel Gaida (24 oct. 1918). Les bourreaux de
Koltchak — et quels bourreaux — exécutent August Her-
manovitch Grasit, jeune journaliste et technicien, arrêté à
Omsk. 40 détenus rouges de la prison d'Omsk en sortent
le 12 novembre 1919, attachés cinq par cinq, encadrés de
soldats; hors de la ville, on les fait coucher dans les fossés,
la face contre terre et l'on se met à les tuer à coups de
sabre, de latte, de baïonnette, de crosse de revolver. Les
soldats de Rodzianko ou de Youdenitch capturent à Louga
André Iozevson, ancien anarchiste, ancien émigré (huit
mois de prison à Naples), maintenant communiste, ins-
tructeur des Ecoles Militaires, enquêteur du Tribunal Révolutionnaire, et le pendent, le 26 septembre 1919.

Il en est qui sont frappés à l'arrière, si tant est qu'il y
a un arrière dans la guerre civile. Moïse Salomonovitch
Ouritski, président de la Tchéka de Pétrograd, est assas-
siné le 30 août 1918 par un « socialiste-populaire ». Ouritski, docteur en droit et officier, avait connu trois exils:
cinq ans chez les Yakoutes, plusieurs années à Vologda et
à Arkangelsk. Pendant les journées d'Octobre, il apparte-
nait au Comité Central du parti bolchévik. Pendant la dis-
solution de la Constituante, il était commissaire du Palais
de Tauride où elle siégeait.

Ces vies d'intellectuels révolutionnaires n'ont, répé-
tons-le, rien d'exceptionnel. Ceux-ci sont morts. Mais ceux
qui continuent la tâche ont vécu de même. La prison, le
bagne, l'exil dans les bourgades perdues du pays yakoute,
la pauvreté, la faim, l'isolement et, par-dessus tout, le perpétuel recommencement de la lutte, l'étude, l'organisation,
la propagnde, le don de soi incessants, voici les éléments
caractéristiques de ces riches existences.

Entre ces intellectuels communistes et les profiteurs de
la politique que l'on rencontre ailleurs, aucune comparai-
son n'est évidemment possible. Bienvenus soient parmi
tous les révolutionnaires, en tous pays, les intellectuels qui,
dans l'esprit, ont un peu de l'esprit de ceux-là!

III. Les Femmes

C'est, je crois, un mot de Mirabeau : « Tant que les femmes ne s'en mêlent, il n'y a pas de révolution véritable. » Rien n'est plus vrai. Si les ouvrières, les ménagères, les mères, les compagnes, les amantes demeurent passives, la société ne peut pas être transformée. La révolution russe a été si complète, si profonde, parce que, depuis un lointain passé, les femmes participaient à sa préparation, les femmes s'émancipaient en la préparant — et parce que, les jours décisifs, elles s'y donnèrent en grand nombre. A toutes les pages de l'histoire du mouvement révolutionnaire russe, on retrouve des noms de femmes. Le 24 janvier 1878, Véra Zassoulitch commençait en tirant sur le préfet de Pétersbourg, Trepov, la riposte terroriste à la répression. Le 1ᵉʳ mars 1880, Sophie Perovskaia donne, en levant son mouchoir, le signal de l'exécution du tsar Alexandre II. N'oublions pas Jessy Guelfman, qui se sacrifia au mouvement de la *Narodnaia Volia*, les terroristes s.-r. mortes sur l'échafaud (Konnoplianova), Marie Spiridonova qui fut une grande figure de la révolution avant de se pénétrer contre le bolchévisme des rancunes d'un parti évincé du pouvoir par ses propres fautes (s.-r. de gauche). N'oublions pas Jeanne Labourbe. Rappelons seulement les noms des militantes communistes les plus connues : Alexandra Kollontaï, Angelica Balabanova, Lilina, Menjinskaia.

Ce sont des noms connus, mais nous en voulons d'autres. La notoriété est injuste. Elle va, dans les sociétés modernes, à ceux qui parlent, écrivent, agissent sur les premiers plans de la scène historique. Et ceux-là ont leur mérite, mais ils ne feraient rien sans les autres... Les autres, la masse, les inconnus, les guère connus *qui font tout.*

Or, les femmes dans la révolution d'Octobre ont participé à toutes les phases de l'action, dans tous les domaines, en si grand nombre qu'on pourrait dire en masse. Aucun type de bolchévik n'était plus commun, de 1918 à 1921, que celui de la militante, organisatrice, agitatrice ou soldate. — La guerre civile absorbait toutes les forces du prolétariat, hommes et femmes les plus jeunes, les meilleurs se battirent... Et voici des jeunes femmes :

Rosalia Gourari, militante des environs de Kharkov, que préoccupaient surtout les questions d'art. Fondatrice des Proletkults en Ukraine et d'un groupe d'éducation : *L'Art pour le travail*, à Odessa, tuée, à 21 ans, au front de Pétrograd..

Mokievskaia était, dit-on, une « charmante et joyeuse jeune femme ». Le peu qu'elle a vécu montre qu'elle était intelligente, énergique et cela ne va ni sans charme ni sans joie. En 1917, elle fut chef du ravitaillement du gouvernement de Ekaterinoslav; puis elle commanda un train blindé. Tuée.

Ada Lebedeva est une grande figure du début de la révolution sibérienne. Ce fut la fondatrice, à Krasnoiarsk, du Parti Socialiste-Révolutionnaire de Gauche, un des leaders du premier Soviet de la ville, l'ardente porte-parole des s.-r. de gauche au 1er Congrès des Soviets de Sibérie. Un peu plus tard, elle adhérait au Parti Communiste, prenait le commandement des troupes rouges à un moment particulièrement critique, défendait contre les blancs la flotille de l'Iénissei, était capturée, torturée et mise à mort par les cosaques, le 27 juillet 1918, à Krasnoiarsk.

Marie Oscarovna Abeyde n'a guère dépassé 20 ans quand les gens de Koltchak la fusillent à Ekaterinbourg, le 8 avril 1919. Déjà, elle avait passé par le front tchécoslovaque, été deux fois arrêtée, s'était deux fois évadée pour recommencer l'action clandestine. A Samara, le jour de l'entrée des Tchécoslovaques, Abeyde écoute à travers la cloison ses logeurs délibérer s'il faut la tuer. Mais « c'est une si brave fille » qu'elle est, cette fois, épargnée...

De quelques-unes, il ne reste qu'un nom, un vague portrait (de tant d'autres pas même cela ne demeure...) : Galia Timoféevna, qu'une camarade de captivité dépeint « dans la chambre des condamnés à mort que sa présence éclairait, studieuse et tellement heureuse de vivre » et qui n'en devait sortir, emmenée par les *haïdamaks* de Petlioura, que pour recevoir un coup de baïonnette dans la gorge (Kiev, 1918); Stéphanie Doronina, militante, sœur d'un militant, exécutée en Sibérie presque en même temps que son frère; Ammettchenko, fusillée à Yalta, avec son mari, le 15 oct. 1919...

Telles sont les jeunes. La génération précédente des révolutionnaires n'est pas moins bien, représentée par des femmes infatigables que de longues années d'action illégale ont éprouvées. Samoïlova (Concordia Nikolaevna) travailla illégalement pendant près de vingt ans. (Morte du choléra à Astrakhan, en juillet 1921). — Knipovitch (Lidia Mikhaïlovna) avait appartenu à la *Narodnaïa Volia*, c'est-à-dire au premier grand parti révolutionnaire russe et milité toute sa vie. Morte à Simféropol en 1920. — Dériabina (Sérafima Ivanovna) était bolchévik depuis 1905, depuis sa sortie de gymnase. Son existence entière s'était écoulée entre la prison, le cercle ouvrier clandestin, l'exil, sans qu'elle eut trouvé le temps d'avoir une vie privée. La révolution de mars 1917 lui rendit la liberté. Un an après, les Tchécoslovaques l'arrêtaient, l'enfermaient dans un de leurs « wagons de la mort », mais n'avaient pas le temps de la fusiller. Dériabina, à bout de forces, recommençait son travail d'organisatrice et d'éducatrice, traversait la Kama sur la glace pour se rendre à un Congrès des Soviets — et mourait de tuberculose le 6 avril 1920.

Les documents que nous avons sont secs. Parfois, cependant, quelques lignes, quelques faits y donnent la brusque révélation de l'intense vie intérieure de chacun des êtres qui constituent cette foule. Et l'on découvre alors chez ces femmes, qui semblent faites pour la plus âpre lutte, une richesse de sentiment proportionnée à leur richesse d'énergie. — Olga Dilevskaïa, — égorgée en mars 1919 par des insurgés blancs sur une place publique de Tioumen, — pressentant son arrestation imminente, avait écrit quelques jours auparavant à une amie : « Si je disparais, recueillez ma petite Irina. Cajolez-la un peu tous les soirs, avant qu'elle s'endorme, comme je le fais moi-même. Je ne puis admettre l'idée qu'elle soit privée de tendresse... » Et Jenny Listopad, membre, sous le régime du hetman Shoropadski et de l'occupation allemande, du Comité Révolutionnaire clandestin d'Ukraine, témoin à Odessa des excès, des abus, des erreurs inévitables de la

guerre civile (1919), atteinte dans son idéalisme, se suicide.
Le suicide n'est pas une solution révolutionnaire. Mais,
dans la défaillance qu'il atteste, assez rare d'ailleurs, nous
voyons ici la preuve d'une haute valeur morale commune
chez ces révolutionnaires.

IV. Les Jeunes Gens

Le rôle des jeunes dans la révolution est à souli-
gner. — Dans la société bourgeoise, la jeunesse, durement
exploitée, est en outre tenue en tutelle. Il s'agit d'utiliser
ses abondantes énergies ou, plus exactement, de les con-
vertir en profits pour la classe possédante. Il s'agit aussi
de garantir contre la dangereuse concurrence des nou-
veaux, les bien installés, fussent-ils, la chose n'est pas rare,
de séniles crétins. Une double sélection à rebours s'accom-
plit ainsi. L'enfance et la jeunesse prolétariennes sont
délibérément sacrifiées, vouées de bonne heure à l'exploitation, au surmenage, à la sous-alimentation, à l'ignoran-
ce. Les loisirs indispensables au développement complet
de l'être humain sont privilèges de riches. Le savoir également. L'adolescent blême, grandi dans la cité ouvrière,
n'a d'autre horizon que les quatre murs de l'atelier ou le
grand hall de l'usine — puis une cour de caserne. L'ado-
lescente, si elle échappe à la prostitution, est vouée, après
la misère de l'atelier, à celle du logis des pauvres. On l'a
dit souvent et c'est toujours exact : Chair à travail, chair
à canon, chair à plaisir — pour les riches toujours. Tel
est le sort normal de la jeunesse des travailleurs. Dans les
classes moyennes et riches, les jeunes ont un tout autre
sort, mais demeurent, toutes proportions gardées, désa-
vantagés en présence du mandarinat de l'ancienneté. Cela
se comprend : Les classes possédantes entendent, avant
de lui accorder certaines possibilités d'action, faire subir
à l'exploiteur même un dressage convenable.

La révolution sociale apporte donc aux jeunes une
libération immédiate. Ce fut vrai de la révolution fran-
çaise qui brisa notamment les étais de la famille féodale.
Et l'on sait que les grandes assemblées de 1789-93 furent,
en général, des assemblées jeunes. Quand on les guillotina,

Robespierre avait 34 ans et Saint-Just 27 ans. Danton
monta sur l'échafaud à 35 ans, Hébert à 34 ans. Des généraux de la révolution, le vainqueur de la Vendée, Hoche,
est mort à 29 ans; le vainqueur du Rhin, Marceau, à 27
ans. — La même observation s'impose en ce qui concerne
la révolution russe. Car il faut aux transformations socia-
les la débordante énergie, le don de soi, la témérité, la
multiplicité des aspirations et des capacités de la jeunesse. — Et car il n'y a pas, dans les vieilles sociétés fon-
dées sur l'exploitation de l'homme par l'homme d'autre
libération possible pour la jeunesse des pauvres, condamnés au servage perpétuel, que l'effort révolutionnaire.

En Russie, les jeunesses formèrent, dans la guerre de
classes, l'armée active, de première ligne. Les jeunesses
prolétariennes et paysannes, auxquelles le remplacement
de l'autocratie par une république démocratique n'eut presque rien donné, se battirent pour la terre, pour l'usine,
pour les Soviets; les jeunesses bourgeoises et petites-bour-
geoises, les unes expropriées, les autres frustrées de l'espoir de remplir désormais de fructueuses et faciles carrières se battirent contre la révolution. Ici, les jeunes
commissaires communistes, les agitateurs, les agitatrices,
les soldats rouges, les soldates; là, les junkers des batail-
les d'Octobre à Moscou et à Pétrograd, les aspirants de
Kornilov, les étudiants s.-r., les cadets, la jeunesse des
écoles partout réactionnaire...

Des jeunes artisans de la révolution d'Octobre, beaucoup ont fourni en leur courte existence une somme de
travail vraiment extraordinaire. Nous avons déjà nommé
plusieurs jeunes femmes tombées à vingt ans. Nommons
maintenant quelques jeunes gens, leurs frères :

Benjamin Tveritine fut tué le 30 juillet 1918, à vingt
ans. C'était un ex-tolstoyen, d'origine bourgeoise, qui avait
refusé de se battre pendant la guerre, pour obéir à la loi
chrétienne : *Tu ne tueras point...* En prison, à Tobolsk,
étudia, devint marxiste. Se battit dès lors, mais contre la
guerre, pour la révolution. Se battit à Moscou pendant les
journées d'Octobre, puis en Ukraine, puis en Sibérie. Fut
successivement suppléant du Président du Conseil Supé-
rieur de l'Economie de la Sibérie soviétiste, parlementaire

rouge chez les Tchécoslovaques, organisateur de la défense d'Omsk — dont il sauva la réserve d'or, — militant illégal à Ekatérinbourg, chez les blancs (constituants s.-r.). Reconnu là, arrêté et fusillé le soir même sans jugement...

Nicolas Tolmatchev, polytechnicien devenu ouvrier — militant — à l'usine Lessner, à Pétrograd, en 1914-15, militant illégal dans l'Oural l'année suivante, ouvrier et agitateur au parc des tramways de Pétrograd en 1917, un des fondateurs du pouvoir des soviets à Perm, combattant contre les cosaques de Doutov, adjoint au commandant du front de l'Oural, Commissaire d'une division au front de Pétrograd à Yambourg, cerné par l'ennemi à Krasnyié-Gori, le 26 mai 1919, se brûle la cervelle plutôt que de se rendre. Il avait vingt-trois ans!

Iralov fournit une plus brève encore et plus éblouissante carrière que termine le même geste d'irréductibilité. Participant de la révolution d'Octobre, devient Directeur des Services du Conseil des Commissaires du Peuple de la République de Kazan, prend le commandement d'un régiment de volontaires qui vont se battre contre les Tchécoslovaques sur la Volga — et se tue quand ses hommes se débandent un jour d'automne, en 1918, à dix-neuf ans!

Georges Alexandrovitch Tsagolov, jeune intellectuel qui avait abandonné la pédagogie pour devenir un des initiateurs du mouvement communiste et soviétiste au Caucase, fut président du Conseil Révolutionnaire des Ossètes. Pris par les blancs et tué (1918).

Tsagolov, à vingt-deux ans, fondait une république des travailleurs dans les montagnes du Caucase. S. G. Lazo, guère plus âgé, devenait en Extrême-Orient un héros légendaire. Alors que la Sibérie orientale, ravagée par les bandes des généraux réactionnaires — Koltchak, les Japonais, les Tchécoslovaques, Horvat, Ungern, Semenov, — n'était plus qu'un immense champ de terreur, où flambaient les villages, où erraient, avec leurs attirails de torture, les trains de la mort, où les rouges étaient beaucoup plus traqués que les fauves, Lazo y créait une armée rouge, battait l'ataman Semenov, nettoyait le pays de blancs jusqu'à l'arrivée des Japonais et de Tchécoslovaques, se réfugiait alors dans la brousse — on dit la *taïga* — avec ses partisans, y survivait à une longue maladie, harcelait les contre-révolutionnaires, rentrait enfin à Vladivostok, lorsque s'y préparait le coup de force japonais, devenait un des leaders du Soviet de la ville. Les 4-5 avril 1920, les Japonais prenaient — par le massacre — le pouvoir à Vladivostosk; le 9, les trois intrépides leaders du Soviet, Lazo, Loutski, Sibirtsev, arrêtés par surprise, étaient emmenés par les vainqueurs à destination inconnue, et disparaissaient. — On n'a jamais su ce qu'ils sont devenus. — Alexandre Nicolaévitch Loutski, disparu avec Lazo, était un transfuge de la bourgeoisie, jeune officier devenu membre du Soviet de Kharbine, chef du contre-espionnage rouge en Extrême-Orient, journaliste et polémiste anarchisant de grand talent, dit-on...

...D'autres n'ont pas eu le temps d'agir; ils sont tombés à la tâche dans leur village, un soir d'égorgement, ou bien exécutés dans une cour de prison. On ne peut pas les nommer tous; on ne sait pas d'ailleurs tous les noms. Mais il faut au moins citer un cas, pour dire comment ces choses-là se faisaient :

Le 6 janvier 1920, 17 jeunes gens communistes comparaissaient devant un Conseil de Guerre, à Odessa (la ville était à ce moment au pouvoir des Blancs et des alliés). Neuf étaient condamnés à mort et parmi ces neuf trois étudiantes : Polia Bark, Dora Loubovskaya, Ida Krasnostchekina. Nous savons les noms de plusieurs jeunes hommes : Dounikovski, Petrenko, Mikhaïlovitch, Pilzman. Il y avait parmi ces condamnés un couple de fiancés. Au cours du procès, purement formel, les inculpés avaient eu une attitude de défi. A peu de distance d'Odessa, sous Kherson, les rouges venaient d'infliger une défaite aux blancs. Odessa allait être prise. C'était un grand espoir. — Mais précisément pour cette raison, on précipita l'exécution des condamnés. Deux équipes de soldats refusèrent la tâche. Une troisième — car on trouve toujours des brutes, en cherchant un peu — l'accepta. Les neuf condamnés furent abattus à coups de hache dans leur prison même. Leurs dernières lettres ont été publiées. L'une des jeunes femmes « embrasse sa petite maman camarade ». L'autre écrit à sa sœur : « Sois une révolutionnaire et console maman. Considérez ma mort, comme moi-même, consciemment... »

Consciemment. Ces jeunes vies de révolutionnaires ont grandi, se sont déployées, ont été fauchées en pleine conscience. C'est pourquoi elles ont été une des forces motrices de la révolution.

V. Les Légendaires

Il y a parmi les artisans peu connus de la révolution des hommes dont l'existence fait comprendre la formation des légendes héroïques. Ils sont entrés vivants encore dans la légende, ayant vécu par un constant exploit, inlassables, grands, admirés, suivis. Le propre du héros de la légende populaire — auquel ne ressemble le plus souvent en rien le héros conventionnel, fabriqué par la presse à grand tirage, les académies, les ministres grandiloquents et les chancelleries de Légions d'Honneur pour le prestige des classes dirigeantes — c'est d'incarner, avec puissance et authentique noblesse, des masses en lutte et de leur être immensément utile. La pré-révolution russe avait eu des héros véritables, chers à des millions d'opprimés : ils étaient pour la plupart des justiciers et des sacrifiés, terroristes qui, seuls, allaient accomplir un geste terrible ou mourir. On étudiait avec ferveur tous les détails de leur vie; ils apparaissaient *uniques*, en dehors, au-dessus des masses effervescentes dont l'heure n'était pas venue. Les héros de la révolution sont beaucoup moins, malgré leur personnalité toujours très forte, connus et compris comme des individualités. Ils apparaissent en tête de foules, se confondent avec elles, si bien qu'il est même souvent difficile de retrouver dans des pages d'histoire que leurs noms dominent les traits effacés de leurs biographies.

Que sait-on du légendaire Azine dont la division de cavalerie rouge fit la guerre sur la Volga et la Kama, toujours insaisissable, toujours victorieuse, redoutée des uns comme un fléau, saluée des autres comme la révolution même? Que c'était un ancien étudiant; qu'il était l'âme de sa troupe; qu'il prit aux blancs Ijevsk, Votkinsk, Sarapoul, prononça une offensive audacieuse vers Ekaterinbourg (1918); qu'il fut blessé sous Tsaritsine, que Déni-kine mit sa tête à prix; qu'il fut finalement capturé par les blancs — et tué...

Que sait-on de Kikvitzé, socialiste-révolutionnaire de gauche, organisateur de l'Armée Rouge en Ukraine, chef d'une division dans l'Oural, contre Koltchak dont le seul nom a gardé pour ceux qui connaissent les luttes de l'Oural une signification épique? Qu'il est tombé, le 11 janvier 1921, dans un guet-apens, à l'âge de 25 ans...

Sivers a laissé dans quelques coins de l'Ukraine et chez les blanc une semblable renommée. Cet officier de l'ancienne armée, bolchévik avant Octobre 1917, rédacteur de la *Pravda des tranchées*, devait, dans les premiers jours de la guerre civile, conduire la « brigade de fer » des mineurs du Donietz contre Krasnov et périr — tué — le 8 décembre 1918.

La même année, Krasnov faisait pendre un autre légendaire, le cosaque Fedor Podtielkov, d'Oust-Khopersk, le premier cosaque rouge. Petits propriétaires auxquels l'ancien régime accordait quelques faveurs et faisait subir un dressage spécial, imbus de vieilles traditions militaires, les ocsaques représentaient, en 1917-18, un élément social arriéré, obstinément contre-révolutionnaire. Fedor Podtielkov groupa cependant 76 premiers cosaques rouges. Son détachement fut fait prisonnier par la population même des villages où il s'était formé; et ces 77 hommes furent fusillés après un simulacre de procès; Podtielkov et un communiste furent pendus.

Un autre cosaque, Boutine (Ivan-Afanassiévitch) ne sera pas de longtemps oublié par la Sibérie. C'était un vieux bolchévik. Il avait fait un an de prison en 1908-9, puis été exilé en Sibérie à 21 ans. Son grand caractère en fit le chef révolutionnaire de Transbaïkal. En 1918, il préside le premier congrès des cosaques rouges de l'Orient, puis défend Tchita contre les blancs. Il est partout obéi, écouté, électrisant les populations des bourgades de la steppe, suscitant au premier danger la résistance, expliquant, affirmant la révolution sociale. Les blancs le capturent. Vers le 20 juin 1918, on l'amène au wagon de la mort de Mokéevka, chez l'ataman Semenov, croyons-nous. La contre-révolution sibérienne avait des tortionnaires d'une science raffinée. Boutine savait son sort probable. On commença par le battre de verges. Il avait du poison : il le partagea entre ses deux compagnons de cellule, moins braves que lui devant la torture et la mort. Des prisonniers rouges le virent un jour sortir de la prison de Tchita avec 40 autres captifs qui ne revinrent plus. « Ils sortirent ensemble d'un pas régulier, sa haute et droite figure au premier rang; ils paraissaient entraîner leurs gardiens... » On croit qu'il fut brûlé vif dans la chaudière d'une locomotive. Sa dernière lettre se terminait par ces mots : *Pas de vengeance.*

VI. Les Bourgeois

Dans toute révolution sociale, quelques hommes d'élite appartenant aux classes réactionnaires s'en détachent et viennent se donner à ceux qui représentent la vie montante. Le nombre de transfuges de la bourgeoisie russe passés au prolétariat pendant la révolution même a été assez grand; quelques-uns sont morts pour leur foi nouvelle, comme cet officier de marine, N. A. Dreyer, de petite noblesse, fusillé en juin 1919, en vertu d'une décision du gouvernement socialiste d'Arkhangelsk, en qualité d'agitateur bolchévik; comme le vieux général Nikolaev, passé à l'Armée Rouge, capturé par Youdenitch et pendu à Yambourg (1919) après avoir refusé de prendre du service chez les blancs; comme cet autre général, Stankiévitch, également passé à l'Armée Rouge et pendu par Dénikine, à Orel, en octobre 1919, dans des circonstances identiques.

Ils avaient trahi leur classe pour aller avec la vie vers l'avenir, trahi les exploiteurs pour se donner aux libérateurs. La bourgeoisie en armes les a traités comme elle traite les prolétaires vaincus.

VII. Etre des Révolutionnaires

On est frappé, quand on étudie l'histoire du mouvement révolutionnaire russe, de *l'impuissance des répressions*. Pendant plus d'un demi-siècle, l'autocratie russe a

réprimé impitoyablement un mouvement révolutionnaire
d'abord infime et qui sembla plus d'une fois près d'être
totalement extirpé. Dans ce combat, pourvue de tous les
moyens des puissants Etats modernes, elle n'a pas cessé
de viser à l'extermination des éléments « malsains ». Après
le tsarisme, rien ne peut plus être inventé dans l'ordre de
la répression. La prison « par mesure administrative », in-
fligée sur un soupçon, à terme indéterminé; l'exil des Si-
l riens chez les primitifs Yakoutes, chez les Khoungouses
et, là-bas, la misère morale, le scorbut, les petites persécu-
tions, l'abêtissement par la solitude dans une steppe déser-
tique; le bagne avec la chaîne et le châtiment corporel —
Dostoïevski fut fouetté deux fois! — la suppression de
toute presse, la censure des lettres, le « caviardage » des
journaux étrangers; la traque des juifs et des esprits avan-
cés; les fusillades en masse de grévistes ou de manifes-
tants; la création par Zoubatov d'un syndicalisme policier
(1904-05), l'organisation des bandes de cent-noirs (l'*Union
du Peuple Russe*), fascisme authentique; la corruption en
grand du mouvement libérateur, la provocation sytémati-
sée dans tous les partis, développée jusqu'à leur donner
des chefs; la délation et l'espionnage partout : les portiers
des habitations privées tous indicateurs de la police, le
système des passeports à l'intérieur; des agences de corruption politique et de mouchardage à Paris, à Londres, à
New-York. — L'arsenal du tsarisme contenait toutes ces
armes et Mussolini, on le voit, n'a rien innové. Cet arsenal
n'a servi de rien. Le tsarisme a-t-il seulement réussi à dif-
férer l'heure de sa chute? L'historien en doutera. La révolution de 1905, dont la répression procura à l'autocratie
un sursis de douze ans, nous apparaît aujourd'hui comme
le prélude nécessaire de celle de 1917; et nous ne pensons
pas qu'elle ait pu s'achever en révolution sociale dans une
Europe capitaliste à l'apogée de sa prospérité. Un régime,
condamné par l'histoire, qui réprime, nous fait penser au
nageur insensé qui, remontant à grand'peine le courant,
penserait arrêter le cours du fleuve. La prison, le bagne,
l'exil, la persécution trempent les révolutionnaires. L'échafaud leur procure des prosélytes que nulle tribune de pro-
pagande ne leur acquerrait, la mort des martyrs secoue

profondément les masses populaires, entretient dans les
jeunesses le culte de l'héroïsme révolutionnaire. La provocation même se retourne un jour contre le régime qu'elle
achève de déshonorer. Chaque succès de la répression est
un pas vers la chute. Après chaque répression, le flot de
la haine populaire montre un peu plus haut autour du
trône. Le 22 janvier 1905, la troupe tirait devant le Palais
d'Hiver de Pétersbourg sur une foule de suppliants, con-
duite par deux prêtres portant des images saintes et le
portrait du tsar : ce jour-là, le tsarisme était blessé à mort.

La répression ne peut que causer de grandes souf-
frances au prolétariat. Retarder, *peut-être*, sa victoire. Au
fond, son impuissance à sauver un régime de réaction est
complète.

Trotski a indiqué dans quelques articles l'explication
théorique de ce fait, la répression agissant contre le courant de l'histoire, celle que mettent en œuvre des classes
finissantes est inutile. Aux mains d'une classe montante,
appelée par la nécessité historique à prendre le pouvoir,
appelée à détruire et à créer, parce qu'elle ouvre une ère
nouvelle, la répression est une arme utile.

Il est bon de se rappeler ces simples vérités expéri-
mentales à l'heure où, en Italie, en Pologne, en Espagne,
dans les Balkans, aux Etats-Unis, les classes possédantes
placent leur suprême expérience dans une coercition énergique.

En un demi-siècle de répression, le tsarisme n'avait
réussi qu'à créer *une forte race révolutionnaire*. L'action
illégale était la seule possible. Le militant risquait conti-
nuellement sa liberté. Aucun bien-être durable ne lui était
permis. L'adhésion au parti imposait de grands devoirs,
entraînait des risques, mais était dépourvue de tout avan-
tage matériel. L'illégalité et le bagne exerçaient à la longue, dans les milieux révolutionnaires, une sélection infi-
niment profitable. Les tempéraments enclins à la petite
vie bourgeoise en étaient éliminés. Ne demeuraient dans
les partis que des sincérités indomptables.

Ces révolutionnaires dont nous avons parcouru quelques dizaines de sommaires biographies, en dépit de la
profonde impression de beauté morale qu'ils produisent

sur nous, aperçus maintenant dans les perspectives de la lutte sociale, étaient, en réalité, des hommes très simples, remplis comme nous tous de faiblesse et de défauts, manquant souvent d'intelligence fraternelle ou de bonté... Les héros les plus purs ne sont jamais pétris que d'argile humaine. Et ces hommes-là, héroïques, étaient même trop simples pour prétendre à l'héroïsme...

Sans doute, mais ils étaient des forts dans la guerre des classes. Forts et aguerris. Grands par-là même.

Essayons de définir leur force. Demandons-leur ce *que c'est que d'être des révolutionnaires?*

On distingue quelquefois la vie privée du militant de sa vie publique. On a raison : un parti de classe ne peut demander au militant que de bien servir sa classe. Mais il n'en est pas moins vrai que le vrai révolutionnaire est toujours, en tout, un révolutionnaire. L'exemple de ceux-ci en fait foi :

1. Leur détachement de la société bourgeoise est complet. Au mépris de la légalité bourgeoise ils unissent le mépris des conventions morales imposées par la bourgeoisie. Ils professent, — bien consciemment ou non, cela est secondaire, — une éthique nouvelle : fidélité révolutionnaire, camaraderie, égalité de l'homme et de la femme;

2. Chez les intellectuels issus des classes moyennes ou bourgeoises, l'adhésion au prolétariat est totale, sans réserves. En entrant dans la lutte des classes, ils ont renoncé à l'aisance, aux carrières avantageuses, le plus souvent au confort dans la vie privée; ils sont devenus résolument des pauvres. Cette rupture économique et morale avec leur milieu original les assimile à la classe ouvrière (1).

3. Ces révolutionnaires consentent par avance à la persécution. Le risque en est inhérent à l'accomplissement de leur tâche. Un des traits les plus frappants de leurs biographies, c'est qu'ils recommencent sans cesse, jusqu'à la

---

(1) Lénine entendait depuis de longues années qu'il en fût ainsi. La scission entre bolcheviks et mencheviks s'est produite jadis sur un article de statut du parti soc. dém., défendu par Lénine, et qui spécifiait que seuls les membres de l'organisation illégale — persécutée — seraient considérés comme appartenant au parti. — V. S.

mort, l'œuvre interrompue par la prison. En prison, d'ailleurs, ils la continuent par le labeur intellectuel. Leur
vaste culture beaucoup l'ont acquise dans les geôles...

4. De ce qui précède dérive avec le temps le pli professionnel du révolutionnaire pour qui la vie n'a plus de
sens en dehors de l'action, qui est devenu un conspira-
teur, un dialecticien, un propagandiste achevé. La révolution russe et les congrès internationaux de Moscou ont
rendu familier aux communistes le type du « révolutionnaire professionnel » (le mot est de Lénine), connaissant
plusieurs pays, diverses prisons, une demi-douzaine de lan-
gues, possédant à fond la doctrine marxiste, érudit du
reste, grand liseur, mais pratique comme on l'est quand on
a beaucoup lutté.

Nous serions arrivés aux mêmes conclusions en étudiant la vie des révolutionnaires russes des partis autres
que le nôtre.

Socialistes révolutionnaires avant 1917, s.-r. de gauche,
maximalistes, anarchistes, menchéviks même avant Octobre — et souvent depuis — ont été de la même race. Et si,
dans la bataille qui s'est livrée entre eux et les bolcheviks,
ces derniers ont vaincu, cela tient avant tout à leur inter-
prétation, de beaucoup la plus juste, du sens des événements. Dans l'ordre des supériorités individuelles et collec-
tives, cependant, cela tient encore à un facteur important.

Les bolcheviks étaient pourvus d'une forte doctrine
scientifique — le marxisme — déterminant une méthode
de pensée et de combat. Cette supériorité se manifestait
par leur remarquable unité de pensée et d'action, par leur
vivante discipline de parti, par leur liaison avec les masses
ouvrières.

Elle leur a donné une facile victoire sur les socialis-
tes-révolutionnaires de gauche, idéalistes sans programme
pratique ni tactique prolétarienne; sur les maximalistes,
ardente petite secte; sur les anarchistes, divisés en une
infinité de sectes et sous-sectes, absolument incapables de
s'assigner des tâches concrètes en conformité avec les be-
soins des masses; sur les menchéviks et les s.-r. de droite,
qui avaient tout bonnement cessé d'être des révolutionnaires.

LA COOTYPOGRAPHIE
— SOCIÉTÉ OUVRIÈRE D'IMPRIMERIE —
11, R. DE METZ, COURBEVOIE

www.ingramcontent.com/pod-product-compliance
Lightning Source LLC
LaVergne TN
LVHW051329200726
843510LV00002B/574